LE PETIT
MATELOT,
OU
LE MARIAGE IM-PROMPTU,
COMÉDIE,

En un acte en prose, mêlée de chant.

PAR LE C. PIGAULT-LEBRUN.
MUSIQUE DU C. GAVAU.

---

*Représentée pour la première fois sur le Théâtre
de la rue Faydeau, le 7 Nivôse, l'an 4ᵉ. de
la République.*

À PARIS,

Chez HUET, Libraire, éditeur de Musique et de
Pièces de Théâtre, rue Vivienne, n°. 8.

1796.

PRÉFACE.

UNE préface à un Opéra! Pourquoi non? Celle-ci sera courte, et c'est du moins une qualité dans une préface.

Je n'entretiendrai le Public ni de lui, ni de moi; mais j'aime à dire ce que je pense, et j'avoue avec un plaisir vif et vrai, que je dois le succès de cette bagatelle aux talens et aux soins des Artistes qui ont bien voulu la faire valoir. Tous s'y sont prêtés avec cette complaisance, cette amabilité si flatteuses pour un Auteur, et dont un Auteur seul peut connaître le prix.

Mme Verteuil toujours vraie, et quelquefois inimitable, n'a pas dédaigné un rôle accessoire; et je saisis avec empressement cette occasion de l'en remercier.

Aucun genre n'est étranger au véritable talent, et le Public a souri aux espiégleries de mon petit *Sarpejeu*, qui dès long-tems a l'heureuse habitude de lui arracher des larmes.

Je tire de ces observations une conséquente assez naturelle; c'est que les arts ne sont pas perdus encore. C'est au petit nombre de spectateurs éclairés qu'il appartient d'en conserver, d'en ranimer le foyer, en encourageant des Acteurs précieux qui ne s'occupent que de leurs plaisirs, et qui n'éprouvent pas toujours leur reconnaissance.

PERSONNAGES.

LE PÈRE THOMAS,   C. JULIET.
} *Villageois.*
LA MÈRE THOMAS,   Mme VERTEUIL.

CÉCILE, quatorze ans,   Mlle ROLANDEAU.
} *leurs Filles.*
LISE, seize ans,   Mlle ROSINE.

BAZILE, Amant de Lise.   C. DUVERNEY.

SABORD, Capit. Corsaire.   C. RÉZICOURT.

FULBERT, Fils de Sabord, 16 ans. Mme SCIO.

La scène est dans un Village, sur le bord de la Mer.

Le fond du Théâtre représente quelques rochers et la mer. A la droite du spectateur, près l'avant-scène, est une maison de paysan ; à côté est une tonnelle, sous laquelle sont des escabelles, une table, rangées sans ordre.

LE PETIT MATELOT

OU

LE MARIAGE IM-PROMPTU.

SCÈNE PREMIÈRE.

LISE, CÉCILE, *sortant de la maison.*

D U O.

L I S E.

Vois, ma sœur, quel beau jour
Nous promet la brillante aurore.

C É C I L E.

Tu ne me dis pas que l'amour
Pour toi va l'embellir encore.

L I S E.

Pensons d'abord à nos parens,
Pour nous c'est un plaisir, ma chère,
Et pour les cœurs indifférens,
Ce n'est rien qu'un devoir austère.

Ensemble.

Pensons d'abord à nos parens,
Que nos tendres soins les honorent;
Plaignons les cœurs indifférens,
Quels plaisirs ils ignorent!

L I S E.

Vite, ma sœur, préparons tout,
Le déjeûner sous la tonnelle. (*Elles arrangent.*)

C É C I L E.

Prens la table par l'autre bout,
Approche donc cette escabelle.
Le pain, la tranche de jambon,
Du vin pour égayer mon père.

A 3

LISE.

Ajoutons-y ce melon,
C'est le régal de ma mère.

CÉCILE.

Et ce joli fromage au lait,
Croyez-vous qu'il plaise à Bazile ?
C'est pour lui seul que je l'ai fait.

LISE *l'embrassant.*

Ah ! je te reconnais, Cécile.

CÉCILE.

Hé, gai, gai, c'est aujourd'hui
    Qu'on te marie.
Jeune amant, bonne métairie,
Bonheur constant, jamais d'ennui :
On dansera dans la prairie,
Et j'ouvre la danse avec lui.

Ensemble.

LISE.	CÉCILE.
Enfin mon cœur est à son aise ;	Oh, non je ne me sens pas d'aise,
Quand le devoir prescrit l'amour,	Et sans savoir ce qu'est l'amour,
Il est tout simple qu'on se plaise	Il est tout simple qu'on se plaise
A le couronner à son tour.	A penser qu'on aura son tour.

CÉCILE *finement.*

Toujours les yeux de ce côté.

LISE.

Hé mais...... c'est par là qu'il arrive.

CÉCILE.

Il eût dû devancer le jour.

LISE.

Je ne dis pas cela, Cécile.

CÉCILE.

Hé, sois donc franche une fois en ta vie. Tu
sèches d'impatience.

LISE *d'un ton précieux.*

Le terme est fort, ma sœur.

CÉCILE.

Cela se peut ; mais il est juste. En effet, Bazile est si aimable !

LISE.

Tu t'en es apperçue ?

CÉCILE.

Et toi, friponne, et toi ?

LISE *d'un air réservé.*

Mais, moi je l'épouse.

CÉCILE *jouant l'embarras.*

Et moi, si je me marie un jour.....

LISE.

Hé bien ?

CÉCILE *se livrant davantage.*

Je veux un homme qui lui ressemble. (*Montrant son front.*) Son portrait est là ; et l'amour m'en doit la copie.

LISE.

Quelles idées à ton âge !

CÉCILE *jouant la petite femme.*

J'ai quatorze ans, ma sœur.

LISE.

Et par conséquent tu es encore loin du terme....

CÉCILE *reprenant sa gaîté.*

Pas tant, ma sœur, pas tant. D'ailleurs, il n'est pas défendu de penser à l'avenir. Tiens, je me figure un joli petit espiègle, pas plus haut que cela ; (*Elle marque sa taille avec sa main.*) ses cheveux blonds tombent par boucles sur ses épaules ; son œil bleu va à l'ame, et cependant il a de la vivacité ; sa démarche est leste, son air assuré......

LISE.

Réservé, ma sœur.

CÉCILE.

C'est ce que je voulais dire.

LISE.

Le portrait de Bazile enfin.

CÉCILE.

La nuance un peu moins foncée : voilà toute la différence.

LISE.

Que tu es folle, mon enfant.

CÉCILE.

AIR.

Ah, laisse moi déraisonner,
C'est le seul plaisir de mon âge ;
En attendant mon mariage,
Je veux au moins m'en amuser.
Tiens, me vois tu dans mon ménage,
Toujours riant et caressant
Mes marmots et leur tendre père ;
De vrais amis me chérissant,
Et le pauvre me bénissant !
D'une erreur qui déjà m'est chère,
Ah ! crains de me désabuser :
Mon cœur a créé la chimère.
L'amour peut la réaliser.

LISE.

Voici mon père et ma mère.

CÉCILE.

Laissons donc là mon mariage, et revenons au tien.

SCÈNE II.

LISE, CÉCILE, LE PÈRE THOMAS, LA MÈRE THOMAS.

LISE.

Bon jour, mon père.

CÉCILE.

Bon jour, maman.

Le père et la mère THOMAS.

Bon jour, mes enfans.

Le père THOMAS.

Déjà levée, Lise! On ne dort pas le jour qu'on se marie. Je m'en souviens. Vous m'avez causé plus d'une insomnie, madame Thomas, et cependant j'avais déjà du caractère. C'est une terrible chose que le mariage! Tu-dieu, comme cela fait penser les filles! mais on s'y fait, on s'y fait. N'est-il pas vrai, madame Thomas?

La mère THOMAS.

Monsieur Thomas, monsieur Thomas, de la prudence, de la retenue.

Le père THOMAS.

Tu baisses les yeux, Lise? Il faut savoir prendre son parti, mon enfant. Tu te résigneras facilement.

La mère THOMAS.

Mon mari!

Le père THOMAS.

Ma femme?

La mère THOMAS *montrant Cécile.*

Cette petite fille.....

Le père THOMAS.

Grandira, on lui en contera, le jeu lui plaira, on la mariera......

CÉCILE, *avec une révérence.*

Et elle vous remerciera.

Le père THOMAS.

Voyez - vous cela?

La mère THOMAS.

Qu'est-ce que c'est, mademoiselle, qu'est-ce que c'est? Je vous conseille de penser à ces choses là.

CÉCILE *d'un petit air boudeur.*

Mais n'y pensiez-vous pas, ma mère?

Le père THOMAS.

Elle a raison, elle a raibleu raison.

La mère THOMAS *bas à son mari.*

Allons donc, monsieur Thomas, observez-vous, je vous en prie.

Le père THOMAS, *bas.*

Je m'observe, madame Thomas. *Haut.* Où donc est le futur? Faudra-t-il l'aller chercher? De notre tems, on était plus dégourdi. Vous souvient-il, madame Thomas, de la brèche au mur du jardin? Hem! et le chien de basse-cour que vous endormiez; et l'échelle du petit grenier......

La mère THOMAS.

Ceci passe la permission, mon mari.

Le père THOMAS.

Et le tout en tout bien et en tout honneur, madame Thomas; vous aviez de la vertu, et vous l'avez toujours conservée, diable!

La mère THOMAS.

Ah ça, monsieur, finirez-vous?

Le père THOMAS.

J'ai fini, madame Thomas. Non: mais les amours de ces jeunes gens me rappelent ma jeunesse; et il est des souvenirs qui font toujours plaisir.

La mère THOMAS *bas à son mari.*

Hé, sans doute; mais ce n'est le moment d'en parler.

Le père THOMAS.

On vieillit; mais à l'aspect du bonheur le cœur se réchauffe encore, et on ne sait pas où cela mène, madame Thomas.

La mère THOMAS.

Vous voulez absolument que je vous cède la place. suivez-moi, mesdemoiselles, et laissez votre père conter à qui bon lui semblera ses merveilleuses prouesses.

Le père THOMAS.

Quoi, de l'humeur ? sérieusement tu as de l'humeur ? Je ne te reconnais pas là. On marie sa fille, on la marie selon son cœur, cette idée réjouit ; on est naturellement gaï, on se permet le mot pour rire, y a-t-il là de quoi se fâcher ? Allons le baiser de paix, et à table. (*Ils s'embrassent.*)

CÉCILE.

Hé, voilà Bazile.

SCÈNE III.

Les Précédens, BAZILE.

Le père THOMAS.

ALLONS donc, allons donc, monsieur le marié. On a bien de la peine à vous avoir.

BAZILE.

Je craignais qu'on ne fût pas levé encore.

Le père THOMAS.

Tu craignais..... tu craignais.... Craint-on quelque chose le jour qu'on se marie ? (*Le poussant.*) Embrasse, embrasse donc nigaud. (*La mère Thomas le tire par l'habit.*) Il n'embrassera pas sa femme, n'est-il pas vrai ?

La mère THOMAS.

Déjeûnons, déjeûnons. Tu te tairas peut-être à table.

Le père THOMAS.

Oh, je t'en répons. Chaque chose à son tems. Allons, Lise auprès de Bazile, et Cécile entre sa mère et moi. (*On se place.*)

QUINQUE.

Le père THOMAS.

On est vraiment heureux à table,
Entre sa femme et ses enfans.

Objets chéris, vin agréable,
Dissipent la froideur des ans.

CÉCILE, LISE, BAZILE, la mère THOMAS,

On est vraiment heureux à table ;
Ce plaisir est de tous les tems.
La sève d'un jus délectable
Rapproche l'hiver du printems. (*On mange.*)

Le père THOMAS.

A ses vertus incontestables
On doit les plaisirs les plus vrais.
Femmes, buvez pour être aimables ;
Vieillards, buvons pour être gais. (*On boit.*)

LISE et CÉCILE.

Qu'on est heureux près d'un bon père.
Qui vous porte au fond de son cœur !

CÉCILE.

Et veut-on doubler son bonheur,
On prend un baiser à sa mère. *Elle embrasse sa mère.*

LISE et BAZILE.

Nous aurons aussi notre tour.
Recevez ce tribut d'amour. (*Ils l'embrassent.*)

Tous.

Doux sentiment de la nature,
    Présent des cieux ;
Source d'une volupté pure,
Devoir saint et délicieux,
    Que tes vives flammes
    Pénetrent nos ames ;
Qui sait aimer n'est jamais vieux.

RÉCITATIF.

BAZILE.

Mais quel triste présage !
    L'air s'obscurcit,
    Le tems fraîchit,
    L'onde noircit ;
Tout annonce l'orage.
Voyez-vous cet épais nuage ? (*On sort de la tonnelle.*)
Il porte la foudre en son sein.
Déja j'entends dans le lointain
Ce bruit sourd précurseur des tempêtes. (*Un coup de ton.*)

Tous.

L'orage est sur nos têtes ;
Les vents sifflent, la mer mugit,
    L'ombre s'épaissit. *(Plusieurs coups de tonnere.)*
Je tremble. je frissonne.....
La force m'abandonne.   *(Des coups plus forts.)*
Ciel ? entends nos accens plaintifs ;
Epargne nous, je t'en conjure :
Exauce des êtres craintifs ,
Et rends le calme à la nature.

(On entend les derniers éclats. Les villageois s'enfuient et rentrent dans la maison. A la lueur des éclairs, on apperçoit Fulbert qui gagne le rivage. Le bruit du tonnere diminue, et finit avec l'orchestre. Le jour renaît.)

SCÈNE IV.

FULBERT seul.

SACREBLEU, quel tems ! De ma vie je ne me suis trouvé à pareille fête. La bourasque n'a pas duré ; mais elle a été forte. Ces rochers sont d'un dur !...... Je suis froissé, meurtri ; allons, allons, il ne faut pas y regarder de si près. Me voilà sauvé, c'est fort bien ; mais de quel côté tourner. Pas le sou, et...... voilà une maison ; entrons-y. Pourquoi pas ? Je conterai mon aventure, on m'offrira, j'accepterai, et je rendrai..... quand je pourrai. *(Il apperçoit la tonnelle.)* Une table mise ! Les débris d'un déjeûner ! Déjeûnons provisoirement, nous nous expliquerons après. *(Il se met à table.)* Du jambon ? bon cela...... Du pain frais ? à merveille. Du vin ! goûtons d'abord le vin. *(Il boit.)* Pas mauvais, pas mauvais. Inspectons le jambon. *(Il mange.)* Excellent, sur ma foi. Un reste de melon ? nous lui dirons deux mots. *(Il mange.)* Un fromage au lait tout entier ! on a deviné mon goût, ou le diable m'emporte. *(Il mange.)*

SCÈNE V.

FULBERT, CÉCILE.

CÉCILE.

LE vent est tombé, la pluie cesse, rien ne sera dérangé. L'herbe est un peu mouillée. Cela n'empêchera pas de danser.

FULBERT.

J'entens quelqu'un. Voici l'instant critique.

CÉCILE *d'un petit air de dignité.*

Que faites-vous là, mon ami?

FULBERT.

Je déjeûne. (*Il mange de tout à-la-fois.*)

CÉCILE.

Qui vous en a prié?

FULBERT.

Un appétit dévorant. (*Il mange.*)

CÉCILE.

La plaisante raison!

FULBERT.

Je n'en connais pas de meilleure. (*Il mange.*)

CÉCILE.

D'où sortez-vous?

FULBERT.

De la mer. (*Il mange.*)

CÉCILE.

Où allez-vous?

FULBERT.

Je ne vais pas : je reste. (*Il mange.*)

CÉCILE

Vous restez !......

FULBERT.

Partout où je suis bien.

CÉCILE *à part,*

Il n'est pas sot.

FULBERT *à part.*

Elle n'est pas mal.

CÉCILE *d'un ton de protection.*

Voulez-vous me faire la grace de m'entendre ?

FULBERT *sortant de la tonnelle.*

Ce sera sans doute un plaisir.

CÉCILE.

Dites-moi en peu de mots par quel hasard vous vous trouvez ici ?

FULBERT.

Par un hasard fort ordinaire. On s'embarque par un beau tems, le ciel se brouille, les vents tourbillonent, le vaisseau porte sur des rochers, il s'entr'ouvre, on sait nager, on gagne terre ; il n'y a rien là que d'assez commun. On trouve un bon déjeûner, on en profite, c'est naturel ; on le doit à une hôtesse charmante, et c'est un surcroît de bonheur.

CÉCILE *à part.*

Comme il parle ! quel jeu de phisionomie ! *Haut.* Voyons les détails. Je ne hais point les détails.

FULBERT.

Moi, je les aime beaucoup. Je m'appele Fulbert, fils du capitaine Sabord, commandant le corsaire l'*Hirondelle.* Surpris hier par une brume épaisse, et par un calme plat, les courans ont porté le bâtiment vers la côte. Aujourd'hui, à la pointe du jour, nous avons reconnu le danger. Il fallait un vent de terre pour nous en tirer : il était nord, nord est.

CÉCILE.

Enfin......

FULBERT.

Le grain est venu, la tempête a suivi. Vous vous en êtes sans doute apperçue.

CÉCILE.

Oh, elle nous a fait perdre la tête.

FULBERT.

Mon père qui ne la perd jamais, me dit : petit Sarpejeu...... Je vous demande pardon ; mais c'est son mot favori.

CÉCILE *minaudant.*

Fi donc, c'est épouvantable.

FULBERT.

Vous exigez des détails.

CÉCILE.

Je vous fais grace de ceux là.

FULBERT.

Mon père me dit donc : la terre n'est qu'à demi-portée de canon : aborde. Nous nous rejoindrons quand nous pourrons. Il me prend par le collet, et me jette par dessus le bastingage.

CÉCILE.

Dans la mer ?

FULBERT.

Dans la mer. Je vais au fond, j'avale quelque peu d'eau salée, je reviens au-dessus, je joue des bras et des jambes, et me voilà.

CÉCILE.

Et votre père le capitaine ; car il est capitaine ?

FULBERT.

Il nage comme un requin. Il se retirera de là.

CÉCILE.

Pauvre jeune homme ! Et qu'allez-vous devenir ?

FULBERT.

FULBERT.

Je puis attendre le diner.

CÉCILE.

Mais où dinerez-vous ?

FULBERT.

Avec vous , je l'espère ?

CÉCILE *à part.*

Il est sans façon. (*Haut.*) Et demain ?

FULBERT *avec ame.*

Avec vous , encore avec vous , toujours avec vous.
J'ai déjà fait trois campagnes. J'ai essuyé deux naufrages et cinq combats. Rien de tout cela ne peut
vous être comparé.

CÉCILE *attendrie et rêveuse.*

Fulbert ?

FULBERT.

Mademoiselle.

CÉCILE.

Vous êtes fort ?

FULBERT.

Comme un cable.

CÉCILE.

Actif ?

FULBERT.

Comme un mousse.

CÉCILE.

Honnête ?

FULBERT.

Si je ne l'étais pas , je le deviendrais près de vous.

CÉCILE.

Je conçois un dessein , et je vais l'exécuter. At-
tendez moi ici.

SCÈNE VI.

FULBERT *seul.*

LA jolie petite mine ! L'heureux caractère ! On ferait volontiers naufrage pour une rencontre comme

B

celle-là........ Ah , mille diables ! ma boîte à tabac ! si je l'avais perdue...... (*Il la tire de sa poche.*) Pas une goutte d'eau n'a pénétré. Fumons une pipe. Ma pipe et cette aimable enfant , je ne connais rien de plus séduisant au monde. (*Il bat le briquet.*)

CHANSON.

Contre les chagrins de la vie
On crie et ab hoc et ab hac :
Pour moi j'étais digne d'envie ,
Avec la pipe de tabac.
Aujourd'hui changeant de folie ,
Et de boussolle , et d'almanac ,
Je préfère fille jolie ,
Même à la pipe de tabac.

Le soldat baille sous la tente ,
Le matelot sur le tillac ;
Bientôt ils ont l'âme contente ,
Avec la pipe de tabac.
Si pourtant survient une belle ,
A l'instant le cœur fait tic tac ,
Et l'amant oublie auprès d'elle ,
Jusqu'à la pipe de tabac.

Je tiens cette maxime utile ,
De ce fameux monsieur de Crac :
En campagne comme à la ville ,
Fêtons l'amour et le tabac.
Quand ce grand homme allait en guerre ,
Il portait dans son petit sac ,
Le doux portrait de sa bergère ,
Avec la pipe de tabac.

SCÈNE VII.

LISE, BAZILE, FULBERT, LA MÈRE THOMAS, CÉCILE.

La mère THOMAS *accourant.*

AH, bon Dieu, bon Dieu, qu'est-ce que tu m'as conté là. Ce cher enfant ! à son âge, deux naufrages et cinq combats ! Mais voyez donc comme il est gentil !

CÉCILE à part.

C'est une remarque que j'ai déjà faite.

La mère THOMAS.

Oh, le pauvre petit, il est mouillé jusqu'aux os.
Vite, un bon feu et du vin chaud.

CÉCILE.

Je vais arranger cela, ma mère. (*Elle renize.*)

La mère THOMAS.

Elle est un peu étourdie ; mais elle a le cœur excellent.

FULBERT.

Elle a le cœur de sa mère.

LISE.

Mais, maman, ce n'est rien que de le sécher : il
faut penser à l'avenir.

BAZILE.

Le voilà sans ressources, sans asile.

LISE.

Il y aurait de la cruauté à le renvoyer dans cet
état.

La mère THOMAS.

Qu'appelez-vous le renvoyer ! un infortuné que la
providence jette dans mes bras ! je laisserais à un
autre le plaisir de lui faire du bien ! Non pas, non,
il restera avec nous.

FULBERT *saulant.*

Me voilà de la maison.

La mère THOMAL.

Dis-moi, mon garçon, sais-tu travailler à la terre ?

FULBERT.

Je ne m'en doute pas. Mais avec de la jeunesse et
de la bonne volonté, on fait tout ce qu'on veut.

La mère THOMAS.

C'est çà, mon garçon, c'est çà. Le père Thomas

se fait vieux, il a besoin d'être aidé ; les bras sont rares, tu travailleras avec lui. Tu auras un peu de peine......

FULBERT.

Oh, j'y suis accoutumé.

La mère THOMAS.

Mais le soir on rentre gaiment, on soupe de bon appétit, et puis la veillée. Le père Thomas prend son gros livre ; je file en chantant la petite chanson ; Cécile tricote et fait chorus. Je ne parle pas de Lise : fille qu'on marie est perdue pour sa mère. (*Une larme.*) Mais enfin, c'est pour son bien. Toi, tu nous contera tes naufrages et tes combats. A la fin de la semaine, on se rassemble dans la prairie. Chacun porte son plat. On rit, on court, on danse. C'est là que les jeunes gens arrangent leurs mariages et que les vieillards se félicitent de s'être mariés.

FULBERT.

Bien travailler, bien se divertir et prendre le tems comme il vient, c'est ma devise à moi.

La mère THOMAS.

Il est charmant, il est charmant.

CÉCILE.

Tout est prêt, maman. Allons, Fulbert. (*Elle le prend par la main.*)

FULBERT.

je ne vous remercie pas ; mais je vous aime. Vos tendres soins sont gravés là.

La mère THOMAS.

Hé, mon Dieu..... J'oubliais..... Dame, on ne peut pas penser à tout à-la-fois. Et ce vaisseau qui est ouvert ; et son père qui est resté dessus ; et les autres.... S'il était encore tems de leur porter du secours...... Je vais soigner cet enfant, le père Thomas finit avec le notaire. Voyez cela, Basile, voyez cela.

SCÈNE VIII.

LISE, BAZILE.

BAZILE *tirant une montre d'argent avec un peu d'humeur.*

NEUF heures !

LISE.

Qu'importe, mon ami ?

BAZILE.

Et la noce ?

LISE.

Et les naufragés ? Je te demande ce sacrifice, vas, mon ami, vas.

SCÈNE IX.

LISE seule.

Amour, quelle est ta puissance
Sur des amans ingénus !
Tu doubles leur existance
Par le charme des vertus.
Feu sacré, feu légitime,
Oui je cède à ton pouvoir.
Adorer ce qu'on estime,
Le doux, l'aimable devoir !
Digne objet de ma tendresse,
Tu partages mon ardeur ;
De notre commune ivresse
Va naître notre bonheur.

Bazile revient. Il a un homme avec lui. C'est sans doute un de ces infortunés. La journée commence bien. C'est d'un bon augure pour l'avenir.

SCÈNE X.

LISE, BAZILE, SABORD *portant un petit sac de cuir attaché par une courroie, des pistolets à la ceinture.*

BAZILE.

JE suis au comble de la joie.

SABORD.

Moi, jai de l'humeur, monsieur, j'ai de l'humeur.

BAZILE.

Grace au ciel, vous voilà sauvé.

SABORD.

Et mon vaisseau est à tous les diables.

BAZILE.

Qn'est-ce que cela en comparaison.....

SABORD.

Qn'est-ce que cela? qu'est-ce que cela? Un *cutter* de quatre-vingt mille livres; le meilleur voilier de l'Orient: le corsaire l'*Hirondelle!* Cela ne se répare pas, monsieur, cela ne se répare pas.

BAZILE.

Si cependant vous fussiez noyé......

SABORD.

Voyez le grand malheur! ne faut-il pas finir? de cette maladie là ou d'une autre, qu'importe?

BAZILE.

Et vos compagnons? point d'espoir?

SABORD.

Serais-je ici, s'il y en avait encore un seul en vie? Tout est au fond de la mer. Le plus brave

équipage de France. Cela vous sautait à l'abordage ;
il fallait voir. Vaisseau attaqué, vaisseau à nous ;
c'était la règle. Enfin, les regrets ne servent à rien.
Dieu leur fasse paix et miséricorde.

LISE.

Il ne prend pas seulement garde à moi.

BAZILE.

Ne voudriez vous pas vous rafraîchir ?

SABORD.

Me rafraîchir ! il m'a trouvé dans l'eau.

BAZILE.

Si vous préférez vous chauffer......

SABORD.

Je ne me chauffe qu'au feu du canon.

BAZILE.

Vous boirez donc un coup ?

SABORD.

J'en boirai deux, jeune homme.

LISE.

Quel singulier caractère !

BAZILE *lui versant du vin.*

Vous le trouvez bon ?

SABORD.

Qu'est-ce que c'est que ça ?

BAZILE.

Hé, parbleu, c'est du vin.

SABORD.

Depuis dix ans je n'en bois plus.

BAZILE.

Si vous voulez de l'eau......

SABORD.

Qu'appelez-vous de l'eau ? du rum, du rack.

B 4

LISE.

Ah! quel homme!

BAZILE.

Malheureusement nous n'en avons pas.

SABORD.

Qui diable vous en demande? J'en ai moi, je ne marche jamais sans cela. (*Il tire une bouteille empaillée, boit un coup et la présente à Bazile.*) A vous, luron.

BAZILE.

Je vous remercie, je n'en use pas.

SABORD *serrant la bouteille.*

Tant pis pour vous.

LISE.

Si monsieur veut se débarrasser de ce sac?

SABORD.

Il ne m'embarrasse pas.

LISE.

Je le mettrais en lieu sûr.

SABORD.

Il est ici plus en sûreté encore.

LISE.

Il n'est pas poli, ce monsieur là.

SABORD.

Poli? pourquoi faire?

BAZILE.

Ecoutez donc, monsieur; vous traitez ma future......

SABORD.

Je n'ai pas voulu l'offenser. Je suis dur, je m'emporte; mais je suis bon diable au fond. Laissons-là ce galimathias. A-propos, vous n'avez pas entendu parler d'un petit Sarpejeu, qui était mousse à bord de l'*Hirondelle*, et que j'ai jeté à l'eau afin de le tirer d'embarras?

LISE.

Il vous intéresse ?

SABORD.

Par la corbleu, je le crois. Je suis son père.

LISE *avec joie.*

Vous êtes son père !

SABORD.

Tout comme un autre. Cela vous étonne ?

LISE.

Je ne dis pas cela, monsieur. (*A part,*) Ah, quel original !

SABORD.

Enfin, où est-il ce petit drôle ? L'avez vous mis aussi en lieu de sûreté ?

LISE.

Il est chez nous, monsieur, où il reçoit les soins qu'on doit à la jeunesse et au malheur.

SABORD.

Vous avez pris soin de lui ? Vous êtes donc de braves gens ? C'est bien cela, c'est bien. Je suis content de vous, et je vous remercie. (*Il leur présente la main.*)

BAZILE *à part.*

Il se radoucit cependant.

SABORD.

Ecoutez donc. Vous m'avez dit que vous vous épousiez.

BAZILE.

Sans votre accident, la cérémonie serait faite.

SABORD.

Que je ne dérange rien ; jamais je n'ai gêné que l'ennemi. Et, dites-moi ; vous vous aimez ? (*Lise baisse les yeux.*) Elle baisse les yeux, elle baisse les yeux. On t'aime, mon garçon.

BAZILE.

Ah! comme on est aimé.

SABORD.

Cela ne suffit pas. Je ne me livre pas d'abord ; mais quand je connais d'honnêtes gens dans le besoin, je n'ai rien à moi.

LISE.

Jamais, monsieur, nous n'avons été à charge à personne.

SABORD.

Qui diable vous parle de cela ? Ce sac renferme cinquante mille écus en or. C'est tout ce qui me reste. Un tiers à mes besoins, un tiers à mon fils, et l'autre à mes plaisirs. J'en aurai à vous rendre heureux. Pour peu que cela vous plaise.

LISE.

Gardez votre or, monsieur. Nous ne vendons pas nos services.

SABORD.

Voilà qui est plaisant, par exemple ; refuser de l'argent qu'on leur offre de bon cœur, tandis que pour en avoir je m'expose tous les jours à me faire casser la tête. Vous n'en voulez pas ; c'est votre dernier mot ?

LISE.

Mille remercimens.

SABORD.

N'en parlons plus. Allez, mariez vous ; et que le ciel vous bénisse.

SCÈNE XI.

Les Précédens, FULBERT, CÉCILE, LE PÈRE THOMAS, LA MÈRE THOMAS.

SEPTUOR.

FULBERT.

Hé, palsambleu, voilà mon père!

SABORD.

Oui, c'est moi, petit Sarpejeu.

CÉCILE, le père et la mère THOMAS.

Quel moment prospère!
Il revoit son père.

CÉCILE à part.

Il faut l'arrêter en ce lieu.
(A sa mère.)
Il doit être bien las, ma mère.

SABORD.

Allons, petit Sarpejeu,
Remercie et dis adieu.

CÉCILE, LISE, BAZILE, FULBERT, le père et la mère THOMAS.

Hé quoi, vous en aller si vîte!
Vous vous reposerez un peu.

CÉCILE à part.

Faut-il déjà se dire adieu.

SABORD.

Le tems est bon, et j'en profite.
Je vais gagner le port voisin.
J'arme, j'équipe un brigantin,
Et je tente encor la fortune.
Je ris des fureurs de Neptune.
Il vient d'engloutir mon vaisseau,
Moi, j'en relance un autre à l'eau.

Cécile, Lise, Bazile, le père et la mère Thomas.

Entrez chez nous, entrez de grace ;
Vous prendrez un peu de repos.

SABORD.

Ah ! ventrebleu, que de propos !
Je n'aime pas qu'on me tracasse.

**Cécile, Lise, Bazile, Fulbert, le père et
la mère Thomas.**

Entrez chez nous , entrez de grace ;
Fulbert. Entrez chez eux , entrez de grace ;
Vous prendrez un peu de repos.

FULBERT.

Je suis bien , et j'y reste.
On le veut, je céderai.
Partez , je suis leste ,
Je vous rejoindrai.

SABORD à son fils.

Corbleu , je crois qu'on me résiste,
Petit Sarpejeu ;
Qu'on me suive , ou si l'on persiste
On va voir beau jeu.

CÉCILE à part.

Hé quoi, déjà se dire adieu !

**Cécile, Lise, Bazile, Fulbert, le père et
la mère Thomas.**

En partageant notre allégresse ,
Fulbert. En partageant leur allégresse.
Vous oublirez votre chagrin.
Entrez chez nous, rien ne vous presse ;
Fulbert. Entrez chez eux, rien ne vous presse ;
Vous partirez demain matin.

SABORD.

Vous m'excedez enfin.

Cécile, Lise, Bazile, le père et la mère Thomas.

Entrez chez nous, rien ne vous presse ;
Vous partirez demain matin.

SABORD se défendant.

Quelle diable de politesse !

CÉCILE, LISE, BAZILE, le père et la mère THOMAS.

Ensemble.

{

A nos vœux rendez vous enfin.
Entrez chez nous rien ne vous presse;
Vous partirez demain matin.

FULBERT.

A leurs vœux rendez vous enfin,
Entrez chez eux, rien ne vous presse;
Vous partirez demain matin.

SABORD.

Corbleu, vous m'excédez enfin.
Quel est le démon qui vous presse
De me garder jusqu'au matin?

}

SCÈNE XII.

FULBERT, CÉCILE.

FULBERT *suivant Cécile et lui donnant un petit coup dessus l'épaule.*

UN mot, mademoiselle Cécile.

CÉCILE *se retournant.*

Bien volontiers, monsieur Fulbert.

FULBERT *à part.*

Comment m'y prendre?

CÉCILE *à part.*

Que va-t-il me dire?

FULBERT.

J'ai un besoin de parler!

CÉCILE.

Et moi de vous entendre!

FULBERT *avec un soupir.*

Ah!

CÉCILE *avec un soupir.*

Ah!

FULBERT.

Le difficile, c'est de commencer,

CÉCILE.

Sans doute ; le reste va de suite.

FULBERT.

Oui, il n'y a que le premier mot qui coûte, mademoiselle Cécile.

CÉCILE.

En conscience je ne puis pas le dire, monsieur Fulbert.

FULBERT.

Jamais je ne me suis trouvé dans une pareille situation.

CÉCILE.

Ni moi non plus, je vous assure.

FULBERT *d'un ton décidé.*

Je vous prie de croire que je ne tremble pas ainsi au feu.

CÉCILE.

Vous me flattez, monsieur Fulbert.

FULBERT.

J'aimerais mieux attaquer un vaisseau à trois ponts, ou le diable m'emporte.

CÉCILE.

Je ne me croyais pas si terrible.

FULBERT *avec impatience.*

Mais vous pourriez m'aider un peu, mademoiselle Cécile.

CÉCILE.

Je vous écoute, je vous réponds ; que puis-je de plus, monsieur Fulbert ?

FULBERT.

Oh, cet amour ! cet amour !

CÉCILE.

Il fait quelquefois bien du mal.

FULBERT.

Et il pourrait faire tant de bien. (*Un soupir.*) Ah !

CÉCILE.

Ah !

FULBERT.

Je connais un jeune homme bien à plaindre.

CÉCILE.

Il ne souffre pas seul, monsieur Fulbert.

FULBERT.

Il a affaire à un père......

CÉCILE.

A un père comme il n'y en a point.

FULBERT.

Qui n'a jamais aimé.

CÉCILE.

Non, il n'en a pas l'air.

FULBERT.

Aussi est-il sans compassion.

CÉCILE.

Il est des circonstances où elle paraîtrait si douce !

FULBERT.

Et où elle est si nécessaire !

CÉCILE.

C'est ce que je pensais, monsieur Fulbert.

FULBERT.

Se séparer aussi brusquement !

CÉCILE.

Lorsqu'on commence à se connaître.

FULBERT.

A s'apprécier.

CÉCILE.

A s'estimer.

FULBERT.

Quelque chose de plus, je crois, mademoiselle
Cécile.

CÉCILE.

Je ne dis pas non, monsieur Fulbert.

FULBERT.

Plaire à un objet enchanteur, et le regretter toute
sa vie !

CÉCILE.

C'est bien dur.

FULBERT *avec un soupir.*

Ah !

CÉCILE *avec un soupir.*

Ah !

FULBERT.

Et tout cela serait si facile à arranger !

CÉCILE.

Sans doute, il ne faudrait que s'entendre.

FULBERT.

De l'argent d'un côté.

CÉCILE.

De bonnes terres de l'autre.

FULBERT.

Envie de prospérer.

CÉCILE.

Activité dans le ménage.

FULBERT.

Des forces, de la jeunesse......

CÉCILE.

Et avec tout cela un bon cœur.

FULBERT.

Un cœur tout à sa petite femme, mademoiselle
Cécile.

CÉCILE.

CÉCILE.

Qui serait toute à son mari, monsieur Fulbert?

FULBERT.

Comme cela serait charmant! (*Un soupir.*) Ah!

CÉCILE.

Ah!

FULBERT *avec dépit.*

Mais il est des parens qui ne savent rien deviner.

CÉCILE.

Quelle rigueur!

FULBERT.

Ou quelle maladresse!

CÉCILE.

Cependant, il ne faut pas désespérer.

FULBERT.

Mais on pourrait les pressentir.

CÉCILE *se figrent.*

On pourrait même davantage.

FULBERT.

Se déclarer tout simplement.

CÉCILE.

Oui, c'est le parti le plus court.

FULBERT.

C'est même le seul quand le tems presse.

CÉCILE.

Et quand on est bien sûr l'un de l'autre.]

FULBERT.

Alors on agit de concert.

CÉCILE *avec timidité et en minaudant.*

Sans doute, et si vous répondez du jeune homme....

FULBERT *bien tendrement.*

Oh, amour pour la vie.

C

CÉCILE *vivement, allant vers la maison.*

Au revoir donc, monsieur Fulbert.

FULBERT *lui donnant un petit coup sur l'épaule.*

Mademoiselle Cécile?

CÉCILE *se retournant.*

Monsieur Fulbert?

FULBERT.

Vous ne me dites rien de la jeune personne.

CÉCILE.

Oh, amour pour la vie.

SCÈNE XIII.

FULBERT *seul.*

OUF! de quel poids je me sens soulagé. C'est une terrible chose qu'une première déclaration. On se sent si bête, mais si bête!..... Enfin la voilà faite, et comme dit fort bien ma petite Cécile, le reste va de suite. Elle est allé sans doute se confier à sa mère; moi j'attends de pied ferme le capitaine Sabord, et s'il fait un peu trop le père, je lui ferai voir que je suis son fils.

ARIETTE.

Immobile comme un rocher,
Je ne tente plus de voyages;
Mon père peut aller chercher
Et des combats et des naufrages.
Il veut devenir fameux,
Et moi je veux être heureux.
    Près de toi, Cécile,
    Fulbert le sera;
    D'un bonheur tranquille,
    Son cœur jouira:
    De gloire inutile
    Il se passera.

Je donnerais toute une flotte
Pour un baiser de ce tendron.
Oui, je prends l'amour pour pilote
Et ma maîtresse pour patron.

SCÈNE XIV.

FULBERT, SABORD.

SABORD *sortant de la maison.*

JE ne veux pas qu'on me conduise. M'entendez-vous ? Je ne le veux pas. (*Il ferme la porte avec force.*) Que diable ! je ne souffre pas qu'on me contredise. (*À son fils.*) A moi, luron. Vent arrière, et en avant.

FULBERT.

Moi, j'ai vent debout, mon père.

SABORD.

Hé bien, tu louvoieras.

FULBERT.

Pas du tout. J'ai fond, et je jette l'ancre.

SABORD.

Petit Sarpejeu !

FULBERT.

C'est exactement comme j'ai l'honneur de vous le dire.

SABORD.

Ha, voici du nouveau. A ton père, à ton capitaine !

FULBERT.

Le père doit être indulgent, et le capitaine doit au moins m'entendre.

SABORD.

Ce petit drôle là a un esprit d'indiscipline..... De la modération, monsieur, de la modération.

C 2

FULBERT.

Faut-il que j'en donne l'exemple ?

SABORD.

Non, monsieur, je me modère et j'écoute. Voyons, qu'avez-vous à me dire ?

FULBERT.

Je vous ai toujours obéi aveuglement.

SABORD.

Vous n'avez fait que votre devoir.

FULBERT.

Vous avez voulu que je fusse marin, je le suis.

SABORD.

C'est le premier métier du monde.

FULBERT.

Vous m'avez mené au feu ; je me suis battu.

SABORD.

Fort bien même, fort bien.

FULBERT.

Je viens de faire naufrage pour la seconde fois.

SABORD.

Ah, par exemple, ce n'est pas ma faute. Enfin ?....

FULBERT.

Enfin, je commence à me dégoûter du premier métier du monde. Jusqu'à présent j'ai vécu pour vous, et je suis bien aise de vivre un peu pour moi.

SABORD.

Qu'est-ce que c'est, monsieur ; qu'est-ce que c'est ?

FULBERT.

Je veux être heureux, s'il vous plait, mon père.

SABORD.

Hé, que vous manque-t-il pour cela, monsieur ?

FULBERT.

Je vais vous l'apprendre, mon père.

SABORD.

Voyons, monsieur?

FULBERT.

On m'a accueilli dans cette maison.....

SABORD.

Je sais cela. Au fait.

FULBERT.

Et j'y ai trouvé ce que je ne rencontrerai nulle part.

SABORD.

Diable! hé, qu'avez-vous donc trouvé?

FULBERT.

Une mine comme on n'en voit pas, même sur les côtes de Taïty; un œil noir qui vous perce son homme à jour, une vivacité, une gaîté.....

SABORD.

Ah, je commence à comprendre : monsieur est amoureux.

FULBERT.

Comme un fou.

SABORD.

Un amoureux de seize ans!

FULBERT.

Ce sont les meilleurs mon père.

SABORD.

Et une fille de quatorze ou quinze!

FULBERT.

Voilà comme je les aime, mon père.

SABORD.

Et moi, je vous défends de l'aimer, monsieur.

FULBERT.

Vous lui défendrez donc de me paraître aimable?

SABORD.

Je voudrais bien savoir où peuvent mener de semblables amours?

C 3

FULBERT.

A un bon et solide mariage.

SABORD.

Monsieur mon fils !

FULBERT.

Monsieur mon père !

SABORD.

Qui vous a donné cette idée saugrenue !

FULBERT.

Elle est venue tout naturellement.

SABORD.

Et je m'y prêterai ?

FULBERT.

Je l'espère.

SABORD.

N'y comptez pas, monsieur, n'y comptez pas.

FULBERT.

Mais encore quelle raison ?.....

SABORD.

Comment quelle raison ! Ah ! vous voulez des raisons : je vais vous en donner, monsieur. D'abord, votre prétendue ne me plaît pas.

FULBERT.

Ce n'est pas vous qui l'épousez, mon père.

SABORD.

Qu'on se taise, quand je parle....... Et le mariage ne convient pas à un marin qui a son chemin à faire, et que je prétends pousser contre vent et marée. Voyez, monsieur, voyez Ruiter, Jean-Bart, Dugaitrouin ; ces gens-là ont commencé comme vous. L'histoire est pleine de leurs faits et gestes, et ne dit mot de leurs amours. Voilà les modèles qu'il faut suivre, qu'il faut même surpasser ; et ils n'étaient point amoureux, monsieur, ils n'étaient point amoureux.

FULBERT.

Etaient-ils heureux, mon père?

SABORD.

Ma foi, je n'en sais rien, et ne m'en inquiète
guères. Ce que je sais, c'est que vos desseins me
déplaisent, et cela doit vous suffire, je crois. Ainsi
qu'on ne m'en rompe pas la tête davantage.

FULBERT.

C'est votre dernier mot?

SABORD.

Absolument.

FULBERT.

Voici le mien. Vous m'avez fait garçon capitaine;
moi, je me fais garçon fermier.

SABORD.

Monsieur mon fils, voilà une conversation qui
finira mal.

FULBERT.

J'aimerai en attendant le mariage, et le mariage
se fera quand on pourra.

SABORD.

Vous commencez à m'échauffer les oreilles, et fu-
rieusement.

FULBERT.

Les pères sont tous de même, exigeans, obstinés....

SABORD.

Tais toi, ou par la corbleu.....

FULBERT.

Mais j'ai une tête aussi.

SABORD *tirant un pistolet de sa ceinture.*

Que je ferai sauter, ou le diable m'emporte.

FULBERT *s'enfuit, en s'en allant.*

Je vais la mettre à couvert, mon père.

SABORD *à part.*

Le coquin sait trop que je n'en ferai rien.

FULBERT *de loin.*

Je ne crains pas le bout du pistolet, votre poudre est mouillée; mais je me défie du manche.

SABORD.

Et tu fais fort bien.

(Fulbert se cache derrière un arbre, et se glisse dans la maison quand le père Thomas en est sorti.)

SCÈNE XV.

Les Précédens, LE PÈRE THOMAS.

Le père THOMAS *à la cantonade.*

LAISSEZ-MOI donc faire, madame Thomas. Rentrez chez vous. J'ai de l'expérience; je connais le cœur humain. Rentrez, je vous en prie.

SCÈNE XVI.

SABORD, LE PÈRE THOMAS.

SABORD.

AH, voilà le beau-père qui va reprendre la conversation où elle en est restée. Je le rembarerai de la bonne manière. Il s'approche, il s'approche. Nous allons voir beau jeu.

Le père THOMAS.

Monsieur le capitaine?

SABORD.

Qu'y a-t-il, monsieur le fermier?

Le père THOMAS.

J'ai à me plaindre de votre fils.

SABORD.

Arrangez-vous avec lui.

Le père THOMAS.

J'ai aussi des reproches à vous faire, monsieur le capitaine.

SABORD.

En vérité, monsieur le fermier ?

Le père THOMAS.

Avec votre air de vouloir vous mettre en route, vous finissez par rester, et cela commence à me déplaire.

SABORD.

Vous êtes bien chatouilleux. Prenez donc garde de déplaire à monsieur.

Le père THOMAS.

Toutes réflexions faites, vous m'obligerez en vous éloignant au plus vîte, vous et votre Fulbert.

SABORD.

Je suis sur la voie publique, et j'y resterai tant que bon me semblera.

Le père THOMAS.

Un petit avanturier, que je reçois, que je caresse.....

SABORD.

D'un ton plus bas, père Thomas, et pour cause.

Le père THOMAS.

Et qui s'avise de faire l'amour à ma fille.

SABORD.

Voyez le grand malheur.

Le père THOMAS.

Ma Cécile est une fille comme on n'en trouve point, pas même à la ville.

SABORD.

Vous allez voir qu'on la lui a moulée exprès.

Le père THOMAS.

Cela vous est au fait du ménage ; propre, éco-
nome, soumise à ses parens.....

S'ABORD.

Que m'importe tout cela ?

Le père THOMAS.

Une fille, enfin, qu'on ne jettera pas à la tête
du premier venu.

SABORD.

Qui diable vous la demande ? Croyez - vous que
je serai embarrassé quand je voudrai établir mon
petit Sarpejen ? Ecrivez à l'Orient. Informez-vous du
capitaine Sabord. Valeur sans tache, probité intacte.
Ah, ah !

Le père THOMAS.

Que m'importe tout cela ?

SABORD *montrant son sac.*

J'ai ici de quoi trouver des beaux-pères qui vous
vaudront bien, monsieur Thomas.

Le père THOMAS.

Tant mieux pour vous, monsieur le capitaine.

SABORD.

Et mon fils, avec sa jolie figure, tournera des
têtes tant qu'il lui plaira. Hé, hè !

Le père THOMAS.

Oh, je dis, jolie figure..... Rien d'extraordinaire
pourtant.

SABORD.

Diable, vous êtes difficile. Votre Cécile ne le serait
peut-être pas tant.

Le père THOMAS.

Un étourdi.

SABORD.

Cela va bien à un jeune homme.

Le père THOMAS.

Jureur.

SABORD.

C'est le ton d'un marin.

Le père THOMAS.

Qui ne respecte rien, pas même son père.

SABORD.

Mais qui m'aime, au fond. D'ailleurs c'est mon affaire, monsieur Thomas ; cela ne regarde personne.

Le père THOMAS.

Au reste, ce n'est pas de tout cela dont il s'agit. Ma fille est sage ; mais elle a un cœur, et ce cœur là pourrait déranger mes projets. Partez donc, je vous en prie, et partez promptement.

SABORD.

On partira, monsieur Thomas, on partira. Qué diable !

Le père THOMAS.

A la bonne heure. J'aime à vous voir raisonnable. Cela mettra fin à mes débats avec ma femme. Ne s'est-elle pas engouée de votre monsieur Fulbert ?

SABORD.

En vérité ?

Le père THOMAS.

Et elle disait.....

SABORD.

Que disait-elle, monsieur Thomas ?

Le père THOMAS.

Bah ! des idées de femme, comme vous pouvez croire.

SABORD.

Mais encore ?

Le père THOMAS.

Si son père, disait-elle, était un homme comme un autre, on pourrait entrer en arrangement.

SABORD.

Hé, qu'a-t-il donc de si extraordinaire, ce père ?

Le père THOMAL.

Mais c'est un loup de mer, qui voudra mourir au pied de son grand mât.

SABORD.

Cela n'est pas décidé, monsieur Thomas.

Le père THOMAS.

Cependant, il a un capital honnête, dont il pourrait vivre heureux et tranquille.

SABORD.

C'est vrai, au moins. Poursuivez.

Le père THOMAS.

Mais il ne sera pas content que son pauvre petit Fulbert n'ait un bras ou une jambe emporté.

SABORD.

Quelle chienne d'idée a-t-elle donc du capitaine Sabord ?

Le père THOMAS.

Vous voyez bien que c'est une femme qui parle ; et elle ajoutait.......

SABORD.

Qu'ajoutait-elle, monsieur Thomas ?

Le père THOMAS.

Nous sommes propriétaires de cent bons arpens de terre, qui s'étendent jusqu'au bord de la mer ; nous en donnons un tiers à Lise, le second sera pour Cécile : et si ce mariage se fesait..... C'est une femme qui parle.

SABORD.

J'entends bien. Après ?

Le père THOMAS.

Le capitaine bâtirait une maison sur la hauteur, d'où il verrait la mer dans toute son étendue, et d'où il braverait les orages.

SABORD.

Après, après ?

Le père THOMAS.

Nous lui ferions derrière la maison un joli potager que nous cultiverions pour lui. En avant, sur le bord du roc serait une tonnelle, ombragée par de bon chasselas, sous laquelle le capitaine ferait un somme après dîner. Bientôt, de petits enfans le caresseraient, l'amuseraient, l'intéresseraient et lui présenteraient le chicotin et le verre de rogomme. Il les apprendrait à jurer ; nous les instruirions à l'aimer et à le bénir. Il trouverait ici le bonheur qu'il cherche depuis trente ans sur toutes les mers ; et qui est si près de lui.

SABORD.

En effet, un petit fils qui me présente ma pipe, un autre qui me verse le rogomme et qui égoute le verre en poussant mon gros juron, cela serait drôle, au moins.

Le père THOMAS.

Ma femme continue.

SABORD.

J'écoute, monsieur Thomas.

Le père THOMAS.

Une pointe du rocher s'avance sur la surface de l'eau, et présente un abri commode : on y mettrait un petit bateau. Les beaux jours, on irait à la pêche ; dans les tems gris, on prendrait ta vieille carabine......

SABORD.

Oh, j'achèterais des fusils neufs.

Le père THOMAS.

Laissez-moi donc finir. On prendrait ta vieille carabine, et on ferait la guerre aux oiseaux de mer. Avec du travail on aurait une bonne table, avec de l'exercice un bon appétit ; on mangerait bien, on boirait mieux, on serait content de soi et des autres.

SABORD.

Votre femme vous disait tout cela. (*Se grattant l'oreille.*) Diable! diable!

Le père THOMAS.

Je l'ai reçue, oh, mais je l'ai reçue ; dame , il fallait voir.

SABORD.

Vous avez eu tort, monsieur Thomas.

Le père THOMAS.

C'est que quand je me fâche , je crie aussi haut qu'un autre , monsieur le capitaine.

SABORD.

Vous avez eu tort, vous dis-je. Votre femme *est* une femme de bon conseil.

Le père THOMAS.

Ce qui me donnait le plus d'humeur, c'est que le notaire est là , et que jamais elle ne m'a permis de finir.

SABORD.

Le notaire est là?

Le père THOMAS.

Parbleu , depuis deux heures.

SABORD.

C'est cet homme que j'ai vu..... Je vais lui dire deux mots , au notaire, je vais lui dire deux mots. (*Riant.*) Ah, ah , ah , ah! (*Il entre dans la maison.*)

SCÈNE XVII.

Le père THOMAS seul.

HÉ bien, voilà les hommes. Les plus durs à manier ont toujours un côté faible ; il ne faut que le trouver pour en faire ce qu'on veut.

SCÈNE XVIII.

LE PÈRE et LA MÈRE THOMAS.

FINALE.

La mère THOMAS.

IL gourmande le notaire,
A l'instant il veut un contrat.

Le père THOMAS.

Tu vois que sans avocat,
Je sais arranger un affaire.

Ensemble.

Ma femme }
          } laissons-le faire,
Mon mari }
Attendons le résultat.

SCÈNE XIX.

Les Précédens, FULBERT, CÉCILE.

CÉCILE et FULBERT.

LE notaire résiste,
Le capitaine insiste.
Vous vous moquez de moi,
Reprend l'homme de loi ;
Faire un contrat à la minute !
On n'a jamais vu cela.
Le capitaine crie : hola !
Je payerai dix fois la minute ;
Mais vous en passe... par-là.

Tous.

Qu'espérer ou que craindre
De ce nouveau debat ?
Faut-il s'applaudir ou se plaindre ?
Quel en sera le résultat ?

SCÈNE XX.

Les Précédens, LISE, BAZILE.

LISE et BAZILE.

LE notaire avec adresse,
Propose une simple promesse
Portant un dédit.
Corbleu , c'est bien dit,
Reprend le capitaine ;
Ecrivez à perte d'haleine.

Tous.

Tous.

Vous serez }
Nous serons } heureux enfin,

Rendez } grâce à notre destin.
Rendons }

SCÈNE XXI.

Les Précédens, SABORD tenant un
papier et une plume; LE NOTAIRE.

SABORD.

SIGNEZ sans réplique,
Paraphéz, Thomas.

Le père THOMAS.

Vous êtes unique,
Je ne signe pas.

SABORD.

Corbleu, s'il réplique;
Parlez, mère Thomas!
Je sais donner, j'aime à répandre,
Mais je ne veux pas attendre.

La mère THOMAS.

De grace, signez donc, Thomas.

Le père THOMAS.

Hé, non, je ne signerai pas.

SABORD.

Je fais bien les choses;
Je mets soixante mille francs,
Vous y joignez trente arpens,
Et voilà toutes les clauses.

D

THOMAS *fait un signe d'improbation.*

Comment, cela ne vous plaît-pas ?
Parlez-lui donc, mère Thomas.

La mère THOMAS, OREILL,

Mon mari, } de grace,

Mon père, }
Laissez vous fléchir ;
Votre ame de glace,
Ne peut s'attendrir.

SABORD *lui conduisant la main.*

Tout ceci m'ennuie,
Voulez-vous finir !

(Il signe après Thomas)

Il est dans la masse.

(Le notaire reprend le papier.)

Tous à demi-voix.

Il est dans la masse.

SABORD.

Il faut s'entendre jusqu'au bout.
Nous bâtirons la maisonnette.
Sur le bord de l'eau.

Tous.

Sur le bord de l'eau.

SABORD.

Pour peu que le tems permette.
Le petit bateau.

Tous.

Le petit bateau.

SABORD.

De la gaîté, la chansonnette.

Le père T H O M A S.

Du bon vin, sans eau.

Tous.

Sans eau.

S A B O R D *montrant Cécile.*

Et dans les neuf mois la brunette
Nous donnera du fruit nouveau.

F U L B E R T.

Je vous réponds de ce cadeau.

Tous.

Des aînés, d'un pas agile,
Allons ⎱
      ⎰ couronner l'amour.
Venez ⎰
Dans huit jours Fulbert et Cécile
Auront leur tour.

Ronde.

Hé, gai, gai, de l'allégresse ;
Chantons l'amour,
Chantons sans cesse,
Et la jeunesse
Et ce beau jour.

e l'Imprimerie de A. Cl. FOREST, rue du Four Saint-
Honoré, n°. 487.

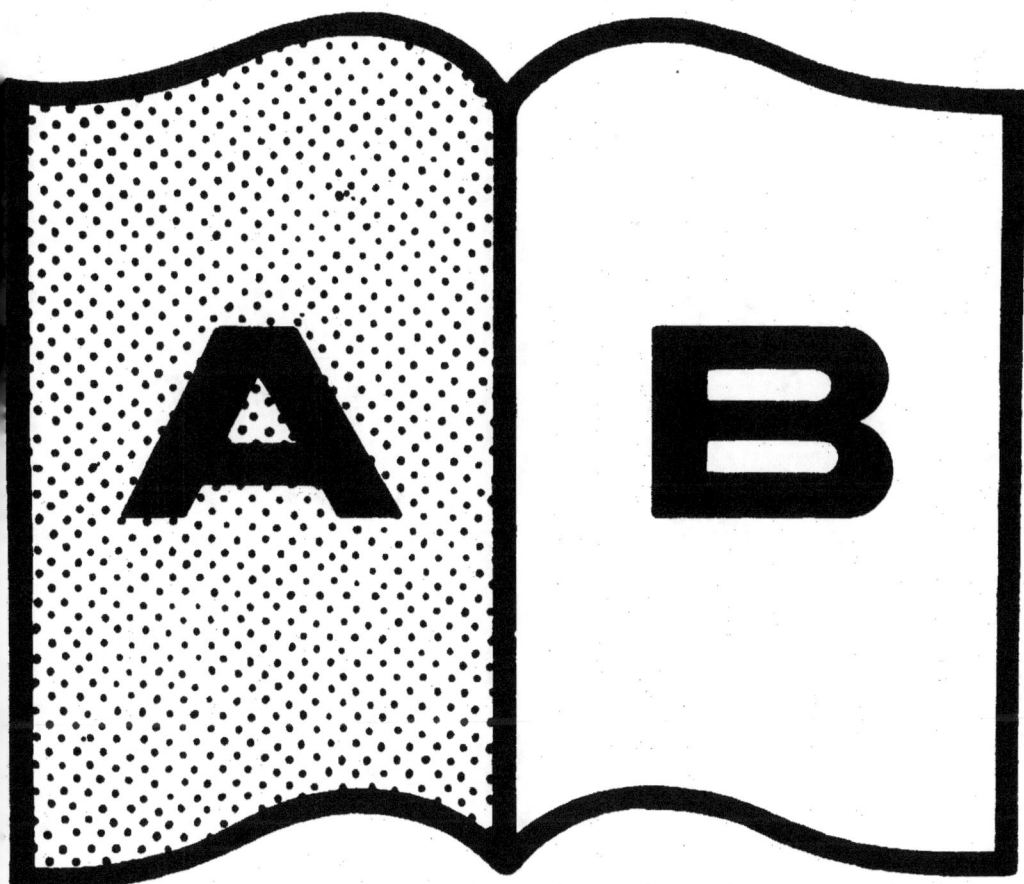

Contraste insuffisant

NF Z 43-120-14

www.ingramcontent.com/pod-product-compliance
Lightning Source LLC
LaVergne TN
LVHW022037080426
835513LV00009B/1106